MELHORES
POEMAS

Antero de Quental

Direção
EDLA VAN STEEN

MELHORES
POEMAS

*Antero de
Quental*

Seleção
BENJAMIN ABDALLA JUNIOR

São Paulo
2004

© Global Editora, 2003

Diretor Editorial
JEFFERSON L. ALVES

Gerente de Produção
FLÁVIO SAMUEL

Coordenação de Revisão
ANA CRISTINA TEIXEIRA

Revisão
GIACOMO LEONE NETO
RINALDO MILESI

Projeto de Capa
VICTOR BURTON

Editoração Eletrônica
ANTONIO SILVIO LOPES

Dados Internacionais de Catalogação na Publicação (CIP)
(Câmara Brasileira do Livro, SP, Brasil)

Quental, Antero de, 1842-1891.
   Melhores poemas / Antero de Quental ; seleção Benjamin Abdalla Junior. – São Paulo : Global, 2004. – (Coleção Melhores Poemas)

   ISBN 85-260-0881-2

   1. Poesia brasileira I. Abdalla Junior, Benjamin. II. Título. III. Série.

03-6928   CDD–869.91

Índice para catálogo sistemático:

1. Poesia : Literatura brasileira 869.91

Direitos Reservados

 GLOBAL EDITORA E DISTRIBUIDORA LTDA.

Rua Pirapitingüi, 111 – Liberdade
CEP 01508-020 – São Paulo – SP
Tel.: 11 3277-7999 – Fax: 11 3277-8141
e-mail: global@globaleditora.com.br
www.globaleditora.com.br

 Colabore com a produção científica e cultural.
Proibida a reprodução total ou parcial desta obra sem a autorização do editor.

Nº DE CATÁLOGO: **1673**

Benjamin Abdalla Junior é professor titular da área de Estudos Comparados de Literaturas de Língua Portuguesa da Faculdade de Filosofia, Letras e Ciências Humanas da Universidade de São Paulo. Ex-presidente da Associação Brasileira de Literatura Comparada, é atualmente membro do Comitê Assessor da Diretoria do CNPq e vice-presidente da Comissão de Cooperação Internacional da USP.

Autor, entre outros títulos, de *A escrita neo-realista* (1981); *Literatura, história e política* (1989); *Fronteiras múltiplas, identidades plurais: um ensaio sobre mestiçagem e hibridismo cultural* (2002); *De vôos e ilhas. Literatura e comunitarismo* (2003); *Introdução à análise da narrativa* (1995); (co-autoria) *Tempos da literatura brasileira* (1985); *História social da literatura portuguesa* (1984).

Organizador de *Ecos do Brasil: Eça de Queirós, leituras brasileiras e portuguesas* (2000); e co-organizador de *Personae: grandes personagens da literatura brasileira* (2001); *Incertas relações. Brasil e Portugal no século XX* (2003).

ANTERO DE QUENTAL, CIDADÃO E POETA: A ESPERANÇA COMO PRINCÍPIO

Em um banco de jardim público, de costas para o muro de um convento, onde estava pintada uma âncora com a palavra "Esperança", suicidou-se, no dia 11 de setembro de 1891, Antero de Quental. Estava em sua cidade natal, Ponta Delgada, nos Açores, onde nascera em 18 de abril de 1842. Morria assim no lugar que sempre lhe constituiu um refúgio, para se reequilibrar das tensões políticas ou das depressões psicológicas que sempre o atormentaram. No ambiente insular dos Açores, estaria aparentemente mais distante dos problemas de seu tempo e ao abrigo de sua situação social de membro de uma tradicional família da aristocracia rural.

A ilha-âncora e o herói de tragédia

Foi nessa ilha-âncora, para onde sempre retornou para reequilibrar-se, que ele adquiriu traços básicos de sua personalidade dividida: de um lado, valores de uma tradição familiar liberal; de outro, coexistentes nessa mesma família, marcas profundas de uma formação católica tradicionalista.

Nessa ilha-âncora da esperança, estava então, no momento de seu suicídio, simbolicamente de costas para o princípio que embalou sua existência, explicitado em muitos de seus poemas: o princípio da esperança de que as coisas poderiam ser melhores do que eram. Dilacerado e em crises depressivas, moveu-se em sua vida buscando o supremo "Bem", com maiúscula, estivesse ele no campo econômico, social, político, moral e religioso. Melhor dizendo, aspirava a esse "Bem", e ao procurar materializá-lo contribuiu decisivamente para a renovação da vida intelectual portuguesa, na segunda metade do século XIX.

A aspiração de liberdade

A vida de Antero é similar, assim, à de um herói de tragédia que desafia o estabelecido e acaba como vítima. Seus gestos, entretanto, são reveladores de impulsos humanos de sentido libertário, que coexistem contraditoriamente com valores tradicionalistas de sua origem de classe. Tais ambigüidades são evidentes no espaço mais íntimo que construiu e valorizou, como manifestação de sua personalidade – a sua obra poética:

(...)

Aspiração... desejo aberto todo
Numa ânsia insofrida e misteriosa...
A isto chamo eu vida

(...)

Estes são os versos iniciais de "Panteísmo", o primeiro poema da coletânea *Odes modernas* (1865), que pode servir de pórtico para o conjunto das produções poéticas de Antero de Quental. A "aspiração" nada mais é que manifestação de sua vontade, isto é, circunscreve-se à manifestação de sua potencialidade subjetiva, razão de ser da própria "vida". É assim que a aspiração pela "luz" (iluminismo) vai determinar as ações do poeta, levando-o a interrogar a natureza das coisas e a procurar um sentido para elas, tendo delas a consciência de sua natureza dialética, como é de se observar ao final da primeira parte dessa mesma ode:

(...)
Em toda a forma o Espírito agita!
O imóvel é um deus, que está sonhando
Com não sei que visão vaga, infinita...

(...)
Essência tenebrosa e pura... casta
E todavia ardente... eterno alento!
Teu sopro é que fecunda a esfera vasta...
Choras na voz do mar... cantas no vento...

É em nível de quem aspira por essências idealizadas que Antero situa seu sentimento religioso anticatólico, tensionando-se em relação às solicitações ideológicas de sua formação. Como foi indicado, o poeta refletiu em sua vida contradições recebidas na infância através de sua família, de grande participação política e influência nos Açores, que se dividia entre um cristianismo bastante arraigado, tradicionalista, e as solicitações libertárias do liberalismo. Sob essas tensões, delineou-se também em seus poemas um sentimento panteísta, visível em *Raios de extinta luz*, que traz produções dos anos 1858-1864. Esses poemas foram reunidos postumamente, a partir de cópias dos originais, uma vez que estes foram destruídos pelo poeta, por não os considerar úteis do ponto de vista social, conforme o ideário realista.

O ideário de Hegel e de Proudhon

No ano seguinte ao período recoberto por essa recolha (1865), Antero de Quental publicou as *Odes modernas*, registrando-se, como indica Óscar Lopes, a transferência "de todo o antigo fervor religioso de Antero para algo que oscila entre o panteísmo e a cosmologia idealista dialética de Hegel, o ideal de uma Revolução à Proudhon, norteada por uma Justiça imamente à Consciência"[1]. A "Revolução à Proudhon" deve ser vista como defesa de um socialismo com base na educação popular e livre associativismo que deveriam levar a uma estrutura política organizada pelo conjunto dos produtores. A "revolução" que pregava deveria ocorrer de forma gradativa, e sem apelo à luta de classes, à greve, tendo como perspectiva idealista de transformação: a Razão, a Justiça, a Igualdade. Politicamente, Antero era republicano e acreditava no estabelecimento de uma união entre as várias regiões da península ibérica, dentro de um federalis-

---

1   *Vida e legado de uma utopia*. Lisboa, Editorial Caminho, 1983. p. 124.

mo republicano que respeitasse as diversidades regionais. Por isso, vibrou com as campanhas de Garibaldi na Itália, que visava à unificação desse país, sob égide republicana.

A Questão Coimbrã

A publicação das *Odes modernas*, como é sabido, deu origem à grande polêmica literária conhecida por *Questão Coimbrã*, que permitiu a Antero tornar conhecido o seu ideário poético. É também a marca inicial de afirmação do grupo de intelectuais que então liderava e que viria a se colocar entre os mais vigorosos da história intelectual de seu país – a Geração de 70. Pertenceram a essa geração, além de Antero, o ficcionista Eça de Queirós, o republicano e depois ministro da monarquia Oliveira Martins, o futuro chefe do Governo Provisório Republicano Teófilo Braga, o futuro presidente da República Manuel de Arriaga, o poeta patriota Guerra Junqueiro, entre outros.

A *Questão Coimbrã*, como se sabe, teve sua origem no posfácio escrito pelo poeta ultra-romântico Antônio Feliciano de Castilho ao *Poema da mocidade*, de seu apadrinhado Pinheiro Chagas, onde censurou os novos temas e o estilo poético da "escola Coimbrã", citando os nomes de Antero de Quental, Teófilo Braga e Vieira de Castro. A resposta veio através dos folhetins editados nesse mesmo ano (1865): *Bom senso e bom gosto* e, depois, *A dignidade das letras e as literaturas oficiais*, de Antero, que ainda recebeu a solidariedade de Teófilo Braga, em *Teocracias literárias*, no ano seguinte. Nesses textos defende-se a missão social do escritor, da literatura, das artes e os pressupostos teóricos do realismo literário. Tudo é feito com paixão e na defesa de um ideal. Poder-se-ia dizer que Antero, das *Odes modernas* tinha crença no Ideal. Observe-se, nesse sentido, o poema *"Justitia mater"*:

(...)

nas negras cidades, onde solta
Se ergue de sangue madida, a revolta,
Como incêndio que um vento bravo atiça,

Há mais alta missão, mais alta glória:
O combater, à grande luz da história,
Os combates eternos da Justiça!

Princípios de juventude e uma visão da mulher

Após os embates da Questão Coimbrã, Antero publicou uma coletânea poética que reunia produções anteriores, de juventude, as *Primaveras românticas (versos dos vinte anos)*, em 1871. No prefácio à segunda edição datado do ano seguinte, ele se desculpou do fato de publicar esses poemas de juventude (os poemas do livro são do período 1861-1864), logo anteriores à polêmica com o ultra-romântico Castilho. Como explicitou nos textos produzidos no decorrer dessa polêmica, Antero só considerava verdadeiramente poeta quem fizesse dos poemas uma espécie de altíssimo sacerdócio em defesa do "Ideal" (a Razão, a Justiça, a Igualdade), procurando conscientizar os leitores em procedimentos que considerava honestos, de acordo com as necessidades morais de seu tempo.

Os poetas, para Antero, deveriam sobretudo cantar a revolução social, pois a poesia seria a confissão mais sincera de seu tempo. As *Primaveras*..., entretanto, não tinham esse sentido exemplar e nem apontavam para a revolução social. Não obstante essas diferenças, muitos poemas dessa coletânea foram incluídos em seus *Sonetos completos* (1886). Alguns dos temas marcantes de sua poética já aí aparecem. Em todos, releva-se sempre a paixão do poeta, inclusive em poemas como "Metempsicose", onde a metafísica de Antero se escorre em imagens enfaticamente carnais, contrariamente às imagens idealizadas da mulher, mais freqüentes em sua obra:

Ardentes filhas do prazer, dizei-me!
Vossos sonhos quais são, depois da orgia?

(...)

Vós fostes nas florestas bravas feras,
Arrastando, leoas e panteras,
De detadas de amor um corpo exangue...

Mordei pois esta carne palpitante,
Feras feitas de gaze flutuante...
Lobas! Leoas! Sim, bebei meu sangue!

Essa visão da mulher não é, entretanto, dominante em Antero, que parece mais enlevado para o registro do chamado eterno feminino, onde a representação idealizada da mulher confluiu para a imagem da mãe ou da irmã – uma imagem encantadora e frágil como a de uma criança. Essa imagem, não obstante, no sistema dialético de Antero acaba por ter seu contrapolo ideológico, como em "Jura":

(...)
Eu to juro, menina, tenho visto
Cousas terríveis - mas jamais vi cousa
Mais feroz do que um riso de criança!

Os biógrafos de Antero registram desilusões amorosas do poeta apaixonado. Na verdade, as desilusões existenciais num poeta que aspirava idealisticamente por plenitudes em todos os campos foram mais amplas, recobrindo o conjunto da vida social e política. Nas crises de depressão, a ilha-âncora, os Açores constituem-lhe um refúgio, como foi indicado. Um momento transitório para ganhar novas forças, preservando sua identidade.

O cidadão e o poeta militante

A busca sincera de identificação com a causa operária levou-o a Paris, para que sentisse na pele o que era ser um operário, mas não ajeitou sua origem de classe a essa nova situação. A identificação se fazia mais pela força da idéia... Voltou ao país, agora para integrar o ativo grupo do Cenáculo (1868-1871), em Lisboa. É dessa época seu entusiasmo com a revolução espanhola e o sonho com a possibilidade de constituição de uma federação republicana dos países ibéricos.

Na atmosfera desses ideais proudhonianos, o Cenáculo, sob a liderança de Antero, então diretor do periódico *A república*, promoveu as célebres Conferências do Cassino Lisbonense. É de sua autoria a conferência de abertura, onde analisou a causa da decadência dos povos peninsulares. As conferências acabaram por serem proibidas pelo governo português. Foi organizada nessa época a seção portuguesa da I Internacional dos Trabalhadores, por Antero de Quental e José Fontana. Esse ano (1871) marcou o início da maré conservadora que varreu a Europa, após a Comuna de Paris. Antero registrou sua indignação ante o massacre da comuna, no poema "Acusação":

(...)

Eu vejo a Tirania omnipotente,
Enquanto ao longe a Piedade chora...

(...)

Ante o olhar encoberto do Futuro
E ante ti, Vingadora, acuso e cito
Estes homens de insídia e ódio escuro!

(...)

O olhar no futuro e as formas poéticas clássicas

Esse poema das *Odes modernas* mostra a revolta do poeta participante em relação aos acontecimentos políticos de seu tempo. Situa-se "ante o olhar encoberto do Futuro" - uma perspectiva que coexiste com o respeito do escritor pelas formas poéticas clássicas.

Essa inclinação é também visível na opção de Antero de Quental pela grande freqüência de títulos em latim – fato que também se verifica nas demais coletâneas poéticas, inclusive nos seus *Sonetos completos*. Essa referência ao passado procura adquirir, entretanto, um sentido progressivo: a tradição apropriada como forma de contraposição ao romantismo piegas. Mesmo no corpo das odes verifica-se a presença de divindades clássicas, como em "À história", quando se vale de imagens tradicionais:

(...)

Oh! a História! A Penélope sombria
Que leva as noites desmanchando a teia
Que suas mãos urdiram todo o dia!

(...)

A marcha da história, assim, não se mostra sempre progressiva, como na perspectiva positivista. O grande exemplo foi o da Comuna de Paris e o retrocesso social originado com o seu massacre pelas forças reacionárias. Entretanto, apesar da atmosfera "sombria", a esperança na transformação persistiu na voz do poeta no decorrer desse poema consagrado às marcas do processo histórico:

(...)

Rasga dentre os tormentos a esperança...
Dos corações partidos nasce um lírio...
Ó vitória do Amor, da confiança,
Sobre a Dor, que se estorce em seu delírio!

A mente do homem, essa, não se cansa...
Sob o açoute, no circo, no martírio...
E o escravo, sem pão, lar nem cidade,
Crê... sonha um culto, um Deus – a Liberdade!

(...)

Panteísmo, repertório religioso cristão e a história

Observem-se nesse poema os quadros idealizados e a substituição do culto cristão pelo pensamento libertário. O tom bíblico, grandiloqüente, segue a tradição do romantismo português, em especial Alexandre Herculano. Atualizam-se igualmente, dessa forma, ressonâncias bíblicas da formação cultural de Antero, corporificando-se deus no ideal de liberdade. Deus é situado, nas *Odes modernas*, numa atmosfera panteísta. E, sob os influxos dessa atmosfera, o poeta coloca-se como uma espécie de profeta sociocultural. Nesse sentido é de se registrar que a coletânea divide-se em dois livros: o primeiro, introduzido pelo poema "Panteísmo", traz registros da história da humanidade, de acordo com esse filtro religioso:

(...)

O pó cresce ante mim... engrossa... alteia...
E, com pasmo, nas mãos vejo que tenho
Um espírito! O pó tornou-se idéia!

(...)

Surgir! surgir! - é a ânsia que os impele

A quantos vão na estrada do infinito
Erguendo a pasmosíssima Babel!
Surgir! ser astro e flor! onda e granito!
Luz e sombra! atração e pensamento!
Um mesmo nome em tudo está escrito –
....
Eis quanto me ensinou a voz do vento.

O segundo livro dessa reunião de poemas, introduzido pelo par de sonetos "Tese e Antítese", volta-se para o momento histórico do poeta, em que a idéia sonhada (plenitude idealizada) tinha dificuldade de ser materializada, mantendo essa plenitude. Observe-se, nesse sentido, o primeiro soneto dessa série:

Já não sei o que vale a nova idéia,
Quando a vejo nas ruas desgrenhada,
Torva no aspecto, à luz da barricada,
Como bacante após lúbrica ceia!

(...)

A constatação negativa (a "nova idéia" como "bacante" e "lúbrica") vem do fato de que ao "fogo" da luta concreta, a idéia (mais essencial, abstrata) é "luz":

(...)

Tu, pensamento, não és fogo, és luz!

Para o poeta, as dificuldades viriam de um século preso às "fúrias de Medéia", que o desarticulava. A recorrência à imagem de Medéia também se faz noutros poemas, conotando a idéia de confusão nas ações humanas no decorrer do século XX, inviabilizando o triunfo do ideal do poeta. Entretanto, também aqui, embora a atmosfera seja sombria, há espaço para a esperança, como se vê ao término do segundo e último soneto dessa série:

(...)
A idéia incarna em peitos que palpitam:
O seu pulsar são chamas que crepitam,
Paixões ardentes como vivos sóis!

O sentido da práxis: poeta e cidadão

A palavra poética nas Odes modernas procurava seguir uma perspectiva correlata à da práxis política do poeta. Sem perder a especificidade da arte literária, ela não deixa de ser manifestação da missão transformadora que presidia a práxis da *persona* Antero, para onde confluía o poeta e o cidadão. E para ser eficaz como comunicação artística – fato que era da consciência do poeta – não poderia desconsiderar as características dessa modalidade de comunicação. Não poderia assim reduzi-la a outras formulações discursivas.

Há em Antero a busca romântica da "sinceridade" do poeta: as palavras eram por ele vistas como uma espécie de prolongamento de sua pessoa, como se não houvesse nada que os separasse. Além disso via esse sujeito como ser consciente daquilo que faz.

A palavra poética é colocada assim em um espaço privilegiado e ele, poeta, como um ser que enuncia profeticamente essa palavra. Coloca-se como expressão da natureza e guia da humanidade, num contexto construído pela sua própria voz poética, de características marcadamente panteístas e de caráter profético. Essa ação redentora da poesia está articulada com a revolucionária, do cidadão.

Conjuga-se assim o poeta e o cidadão. Da poesia para a intervenção social foi o sentido da luta de Antero de Quental contra uma universidade livresca, retrógrada, que precisaria ser reformada em favor de um Portugal moderno, europeizado, sem morgadios e frades ociosos. Contra uma literatura de funcionários públicos obedientes a um sistema, reivindica a insubmissão. Pode-se afirmar que a Questão Coimbrã foi uma revolução cultural contra a *decadência* e em favor das Luzes. É o mesmo sentido apontado por sua conferência "Causas da decadência dos Povos Peninsulares em 1871, que instaurou o ciclo das *Conferências do Cassino Lisbonense*. São realizações de impacto em momentos decisivos e que trouxeram mudanças radicais na sensibilidade intelectual de uma das gerações mais fecundas do pensamento português.

    Antero de Quental, após maio de 1871, viria a defender a Idéia Nova como um socialismo internacionalista, maneira que imaginou para abraçar a causa operária de um país sem fábrica – uma utopia socialista, de caráter mais genérico. Não aceitou os limites do nacionalismo provinciano, dos amigos que, como Teófilo Braga, ingressaram no Partido Republicano.

À procura do efeito de "sinceridade"

A publicação dos *Sonetos completos*, em 1886, fez-se após crises maníaco-depressivas do poeta. Ele procurou tratar-se, inclusive no exterior, com Charcot. De forma correlata, intensificou-se nesses períodos de crise suas inclinações místicas anteriores. Essa publicação reúne poemas publicados de 1860 a 1884, incorporando produções da edição anterior dos *Sonetos* (1881) e *Odes modernas* (1865). Os poemas dessa última edição foram organizados com a colaboração de Oliveira Martins e segue uma ordem cronológica (a ordenação, em alguns casos, é falsa). Esse expediente levou depois Antônio Sérgio a uma outra forma de ordenação, de caráter temático, dispondo os poemas em ciclos.

Essa disposição cronológica procurou criar o efeito de sinceridade da voz de Antero, de acordo com o desenvolvimento do sentimento do poeta, em cada momento. Essa organização, de caráter (auto)biográfico se justifica poeticamente, pelo caráter programático dos poemas e a obsessão de sinceridade do poeta. São efeitos de construção, e esses efeitos foram perseguidos pelo poeta ainda em vida, quando procurou dar uma estrutura para o conjunto de seus sonetos, forma literária que ele considerava superior. O resultado foi a busca de coerência num poeta dividido entre "tese" e "antítese", tal como ocorre no conjunto de toda sua obra e não só nos sonetos. Isto é, o poeta dividido entre campos sêmicos dialeticamente contraditórios, procurando uma síntese libertadora.

A publicação de um volume de poemas que pretende ser de "sonetos completos" reforça a imagem de que o poeta estava imbuído de um sentido de finalização – um conjunto definitivo de sonetos. Os poemas são então arranjados biograficamente, de forma a corresponder a uma auto-imagem, como se fossem previstos antes de serem escritos ou são escritos para provocarem determinados e previstos efeitos. O objetivo é o controle da leitura, que entretanto escapa do poeta em face da ambigüidade inerente à linguagem artística.

Ao pessimismo que envolveu as produções poéticas posteriores à ação político-cultural do Cenáculo lisbonense, procura então opor, em suas últimas composições, o misticismo. Politicamente, enquanto seu antigo colega Teófilo Braga fundava o Partido Republicano, ele distanciava-se de uma atitude mais radical e apoiava a adesão de seu amigo Oliveira Martins ao reformismo monárquico. A práxis política contraditória levou-o assim a se afastar dos republicanos, que o atraíram na juventude. Curiosamente, seu socialismo que deveria mostrar-se mais radical, conciliava com a monarquia liberal. Mais do que luz libertadora, a práxis trazia-lhe angústia. Como cidadão, ao perseguir seu ideal, tropeçava assim na realidade, tal como a voz poética de "Tormento do ideal" – um de seus poemas paradigmáticos da fase de demolição do romantismo:

(...)

Pedindo à forma, em vão, a idéia pura,
Tropeço, em sombras, na matéria dura,
E encontro a imperfeição de quanto existe.

> Recebi o batismo dos poetas,
> E assentado entre as formas incompletas
> Para sempre fiquei pálido e triste.

Imagens do decadentismo-simbolismo

Do ponto de vista poético, Antero antecipa registros crepusculares da realidade, na literatura portuguesa. Era o decadentismo-simbolismo que emergia para além do desejo do poeta por formas absolutas. Nesse mesmo poema, a plenitude idealizada da Beleza, escapa-lhe, esfumaçando-se impressionisticamente na luz do pôr-do-sol:

> Conheci a Beleza que não morre
> E fiquei triste. Como quem da serra
> Mais alta que haja, olhando aos pés a terra
> E o mar, vê tudo, a maior nau ou torre,
>
> Minguar, fundir-se, sob a luz que jorre;
>
> (...)

Esse esfumaçar – um encaminhamento para o decadentismo-simbolismo – parece afirmar o princípio de uma realidade que se torna vaga para o poeta – uma vagüidade que ele não deixa de ter consciência:

> Fumo e cismo. Os castelos do horizonte
> Erguem-se, à tarde, e crescem, de mil cores,
> E ora espalham no céu vivos ardores,
> Ora fuma, vulcões de estranho monte...
>
> (...)

Oh nuvens do Ocidente, oh cousas vagas,
Bem vos entendo a cor, pois, como a vós,
Beleza e altura se me vão em fumo!

Em Antero de Quental, o poeta sempre coexistiu com o filósofo. A sistematização de seus textos de filosofia só veio a ocorrer sobretudo em seus últimos anos de vida. Nesse momento, embora distante da vida política, não deixou de dar seu apoio à Liga Patriótica do Norte, formada no momento em que a Inglaterra humilhava os portugueses (o episódio do Ultimato, de janeiro de 1891), forçando-os a se retirarem da região que lhes permitiria unificar Angola com Moçambique, no continente africano. Já era um homem sem grandes convicções políticas. Sua atitude era mais de solidariedade, um gesto similar ao de dez anos antes, quando aceitara sua candidatura a deputado (derrotado) pelo Partido Socialista. O antigo militante socialista tornara-se uma personalidade simbólica da revolução social – um papel que nunca descartou.

Esse simbolismo afinal introjetou-se na *persona* Antero de Quental – uma união "sincera" entre o poeta e o cidadão, como foi anteriormente indicado. Essa máscara, que incorporou com naturalidade, por outro lado acabou por encontrar-se com traços que vinham de sua formação religiosa tradicional – em especial, os de caráter messiânico. Nesse sentido, as frustrações e as depressões levaram-no a colocar-se como vítima expiatória dos males sociais. De costas para o futuro, não mais tinha em seu horizonte a palavra "esperança", que poderia alimentar sua utopia libertária em sua ilha-âncora.

Critérios de edição

Esta edição dos poemas de Antero segue a ordem cronológica dos poemas tal como eles aparecem nas coletâneas poéticas. A ordem da coletânea é histórica: de início, os poemas de juventude: *Raios de extinta luz* e *Primaveras românticas*; depois, as *Odes modernas* e os *Sonetos Completos*. Em relação aos poemas que figuram em mais de uma coletânea, optou-se por colocá-los em ordem igualmente cronológica, mas com o texto estabelecido na última edição que teve o concurso do autor.

Dessa forma, foram selecionados os seguintes poemas:

1) ***Raios de extinta luz:*** "A.M.E." (publicado nos *Sonetos*, da edição Stenio de 1861, não incluído nos *Sonetos completos*), "A Gennaro Perrelli", "Momentos de tédio";

2) ***Primaveras românticas (versos dos vinte anos):*** "Beatrice" (este soneto é parte de um poema maior, com o mesmo título. Foi incluído posteriormente nos *Sonetos completos*). "Amor vivo", "Metempsicose", "*Velut umbra*" e "Despondency" figuram nessa útima coletânea juntamente com "Versos" (escritos num exemplar das *Flores do mal*, de Charles Baudelaire);

3) ***Odes modernas:*** "Panteísmo". "A idéia V e VIII", "Mais luz", "Tese e antítese", "*Justitia mater*" e "A um crucifixo" pertencem aos *Sonetos completos*. "Pobres I" e "Acusação";

4) **Sonetos completos**: "*Logos*", "*Solemnia verba*", "*Ignoto Deo*", "Tormento do ideal", "Aspiração", "Sonho oriental", "Ideal", "A um poeta", "Hino à razão", "O inconsciente", "Divina comédia", "À virgem santíssima", "Em viagem", "Nirvana", "Visão", "Transcendentalismo", "Evolução", "Elogio da morte I", "Contemplação", "Redenção", "Voz interior", "Na mão de Deus";

5) **Apêndice aos Sonetos completos:** "Os cativos", "Os vencidos", "Entre sombras", "Hino da manhã", "A fada negra".

Referências bibliográficas

Fontes

Odes modernas. 5ª ed. In: *Obras de Antero de Quental*. V. II. Org., Pref. e Notas de Antônio Sérgio. Lisboa, Ed. Couto Martins, 1943.

———. Pref. de Pedro Alvim. Lisboa, Veja, 1994.

Primaveras românticas *(versos dos vinte anos)*. In: *Obras de Antero de Quental*. V. III. Org., Pref. e Notas de Antônio Sérgio. Lisboa, Ed. Couto Martins, 1943.

———. Pref. de Antônio Sérgio. Porto, Lello & Irmão, 1984.

Raios de extinta luz – Poesias inéditas (1859-1863). Pref. de Joaquim de Carvalho. Porto, Lello & Irmão Editores, 1985.

Sonetos. Org., Introd. e Notas de Nuno Júdice. Lisboa, Imprensa Nacional – Casa da Moeda, 1994.

Sonetos completos. Pref. de Oliveira Martins. Coimbra, Imprensa da Universidade, nova edição, 1933.

―――. 8ª ed. In: *Obras de Antero de Quental*. V. I. Lisboa, Sá da Costa Ed., 1976.

Crítica

LIMA, Isabel Pires de. Coord. e Org. *Antero de Quental e o destino de uma geração*. Porto, Edições ASA, 1994.
LOPES, Óscar. *Antero de Quental – Vida e legado de uma utopia*. Lisboa, Editorial Caminho, 1983.
SARAIVA, Antônio José e LOPES, Óscar. *História da literatura portuguesa*. 11ª ed. Porto, Porto Ed., 1979.
SERRÃO, Joel. *O primeiro Fradique Mendes*. Lisboa, Livros Horizonte, 1989.

POEMAS

RAIOS DE EXTINTA LUZ

A. M. E.[1]

Terra do exílio! Aqui também as flores
Têm perfume e matiz; também vicejam
Rosas no prado, e pelo prado adejam
Zéfiros brandos suspirando amores:

Também cá tem a terra seus primores;
Pelos vales as fontes rumorejam;
Tem as moitas seus sopros, que bafejam,
E o céu tem sua luz e seus ardores.

Em toda a natureza há amor e cantos,
Em toda a natureza Deus se encerra...
E contudo esta é a causa de meus prantos!

Eu sou bem como a flor que não descerra
Em clima alheio. Que importam teus encantos?
Não és, terra do exílio, a minha terra.

---

1   Foi o primeiro soneto publicado por Antero. Apareceu na revista *Fósforo*.

A GENNARO PERRELLI

Ao artista e ao patriota italiano

A arte é como a luz: brilha do alto,
Mas quer livre brilhar: do Deus do belo
Ela é religião: seu tempo imenso
Quer sacerdotes mas rejeita o bonzo.
E o artista é como astro gravitando
Em céu e espaço livre: acaso o servo
Pode entoar um canto de ventura?

Só a mão, que não aperta
Grilhão de escravo, desperta
Na arte tal majestade,
Tal sentir e tal verdade —
Vede essa fronte inspirada
Do artista, aluminada
Ao clarão da liberdade!

MOMENTOS DE TÉDIO

Sinite parvulos ad me venire

I

Ventura! aurora de outro eterno dia —
Amor — Verdade — Bem — Quanto desprende
Seu vôo cá da terra e quanto estende
Asas no céu, só busca esta harmonia,

E as alturas fechadas! tudo esfria
E morre lá por cima, e não se entende...
Certo é que o fruto só p'ra a terra pende,
Parece que p'ra a terra a luz se cria!

Há tanto quem sem luta espere havê-la!
Sem se erguer, quedo o mundo, cuide vê-la...
Talvez, se assim quedasse, a possuísse!

Chama-se a isto voar! Toda essa altura
Dava-a bem por uma hora de ventura...
Antes minha alma não voasse... e visse!

Coimbra, Novembro, 1862

PRIMAVERAS ROMÂNTICAS (VERSOS DOS VINTE ANOS)

BEATRICE

Depois que dia a dia, aos poucos desmaiando,
Se foi a nuvem d'ouro ideal que eu vira erguida;
Depois que vi descer, baixar no céu da vida
Cada estrela e fiquei nas trevas laborando:

Depois que sobre o peitro os braços apertando
Achei o vácuo só, e tive a luz sumida
Sem ver já onde olhar, e em todo vi perdida
A flor do meu jardim, que eu mais andei regando:

Retirei os meus pés da senda dos abrolhos,
Virei-me a outro céu, nem ergo já meus olhos
Senão à estrela ideal, que a luz d'amor contém...

Não temas pois — Oh vem! o céu é puro, e calma
E silenciosa a terra, e doce o mar, e a alma...
A alma! não a vês tu? mulher, mulher! oh vem!

AMOR VIVO

Amar! mas dum amor que tenha vida...
Não sejam sempre tímidos harpejos,
Não sejam só delírios e desejos
Duma douda cabeça escandecida...

Amor que viva e brilhe! luz fundida
Que penetre o meu ser — e não só beijos
Dados no ar — delírios e desejos —
Mas amor... dos amores que têm vida...

Sim, vivo e quente! e já a luz do dia
Não virá dissipá-lo nos meus braços
Como névoa da vaga fantasia...

Nem murchará do sol à chama erguida...
Pois que podem os astros dos espaços
Contra uns débeis amores... se têm vida?

METEMPSICOSE

Ardentes filhas do prazer, dizei-me!
Vossos sonhos quais são, depois da orgia?
Acaso nunca a imagem fugidia
Do que fostes, em vós se agita e freme?

Noutra vida e outra esfera, aonde geme
Outro vento, e se acende um outro dia,
Que corpo tínheis? que matéria fria
Vossa alma incendiou, com fogo estreme?

Vós fostes nas florestas bravas feras,
Arrastando, leoas ou panteras,
De dentadas de amor um corpo exangue...

Mordei pois esta carne palpitante,
Feras feitas de gaze flutuante...
Lobas! leoas! sim, bebei meu sangue!

VELUT UMBRA

Fumo e cismo. Os castelos do horizonte
Erguem-se, à tarde, e crescem, de mil cores,
E ora espalham no céu vivos ardores,
Ora fumam, vulcões de estranho monte...

Depois, que formas vagas vêm defronte
Que parecem sonhar loucos amores?
Almas que vão, por entre luz e horrores,
Passando a barca desse aéreo Aqueronte...

Apago o meu charuto quando apagas
Teu facho, oh sol... ficamos todos sós...
É nesta solidão que me consumo!

Oh nuvens do Ocidente, oh cousas vagas,
Bem vos entendo a cor, pois, como a vós,
Beleza e altura se me vão em fumo!

DESPONDENCY

Deixá-la ir, a ave, a quem roubaram
Ninho e filhos e tudo, sem piedade...
Que a leve o ar sem fim da soledade
Onde as asas partidas a levaram...

Deixá-la ir a vela, que arrojaram
Os tufões pelo mar, na escuridade,
Quando a noite surgiu da imensidade,
Quando os ventos do Sul se levantaram...

Deixá-la ir, a alma lastimosa,
Que perdeu fé e paz e confiança,
À morte queda, à morte silenciosa...

Deixá-la ir, a nota desprendida
Dum canto extremo... e a última esperança...
E a vida... e o amor... deixá-la ir, a vida!

VERSOS

*Escritos num exemplar
das* Flores do Mal

As flores que nossa alma descuidada
Colhe na mocidade com mão casta,
São belas, sim: basta aspirá-las, basta
Uma vez, fica a gente enfeitiçada.

Nascem num prado ou riba sossegada,
Sob um céu puro e luz serena e vasta;
Têm fragrância subtil, mas nunca exausta,
Falam d'Amor e Bem à alma enlevada...

Mas as flores nascidas sobre o asfalto
Dessas ruas, no pó e entre o bulício,
Sem ar, sem luz, sem um sorrir do alto,

Que têm elas, que assim nos endoidecem?
Têm o que mais as almas apetecem...
Têm o aroma irritante e acre do Vício!

ODES MODERNAS

PANTEÍSMO

I

Aspiração... desejo aberto todo
Numa ânsia insofrida e misteriosa...
A isto chamo eu vida: e, deste modo,

Que mais importa a forma? silenciosa
Uma mesma alma aspira à luz e ao espaço
Em homem igualmente e astro e rosa!

A própria fera, cujo incerto passo
Lá vaga nos algares da desveza,

Por certo entrevê Deus — seu olho baço

Foi feito para ver brilho e beleza...
E se ruge, é que a agita surdamente
Tua alma turva, ó grande natureza!

Sim, no rugido há uma vida ardente,
Uma energia íntima, tão santa
Como a que faz trinar a ave inocente...

Há um desejo intenso, que alevanta
Ao mesmo tempo o coração ferino,
E o do ingênuo cantor que nos encanta...

Impulso universal! forte e divino,
Aonde quer que irrompa! é belo e augusto,
Quer se equilibre em paz no mudo hino

Dos astros imortais, quer no robusto
Seio do mar tumultuando brade,
Com um furor que se domina a custo;

Quer durma na fatal obscuridade
Da massa inerte, quer na mente humana
Sereno ascenda à luz da liberdade...

É sempre a eterna vida, que dimana
Do centro universal, do foco intenso,
Que ora brilha sem véus, ora se empana...

É sempre o eterno gérmen, que suspenso
No oceano do Ser, em turbilhões
De ardor e luz, envolve, ínfimo e imenso!

Através de mil formas, mil visões,
O universal espírito palpita
Subindo na aspiral das criações!

Ó formas! vidas! misteriosa escrita
Do poema indecifrável que na Terra
Faz de sombras e luz a Alma infinita!

Surgi, por céu, por mar, por vale e serra!
Rolai, ondas sem praia, confundindo
A paz eterna com a eterna guerra!

Rasgando o seio imenso, ide saindo
Do fundo tenebroso do Possível,
Onde as formas do Ser se estão fundindo...

Abre teu cálix, rosa imarcescível!
Rocha, deixa banhar-te a onda clara!
Ergue tu, águia, o vôo inacessível!

Ide! crescei sem medo! não é avara
A alma eterna que em vós anda e palpita...
Onda, que vai e vem e nunca pára!

Em toda a forma o Espírito se agita!
O imóvel é um deus, que está sonhando
Com não sei que visão vaga, infinita...

Semeador de mundos, vai andando
E a cada passo uma seara basta
De vidas sob os pés lhe vem brotando!

Essência tenebrosa e pura... casta
E todavia ardente... eterno alento!
Teu sopro é que fecunda a esfera vasta...
Choras na voz do mar... cantas no vento...

A IDÉIA

V

Mas a Idéia quem é? quem foi que a viu
Jamais, a essa encoberta peregrina?
Quem lhe beijou a sua mão divina?
Com seu olhar de amor quem se vestiu?

Pálida imagem que a água de algum rio,
Refletindo, levou... incerta e fina
Luz que mal bruxuleia pequenina...
Nuvem que trouxe o ar... e o ar sumiu...

Estendei, estendei-lhe os vossos braços,
Magros da febre de um sonhar profundo,
Vós todos que a seguis nesses espaços!

E, entanto, ó alma triste, alma chorosa,
Tu não tens outra amante em todo o mundo
Mais que essa fria virgem desdenhosa!

VIII

Lá! Mas aonde é *lá*? Aonde? — Espera,
Coração indomado! O céu, que anseia
A alma fiel, o céu, o céu da Idéia,
Em vão o buscas nessa imensa esfera!

O espaço é mudo — a intensidade austera
Debalde noite e dia se incendeia...
Em nenhum astro, em nenhum sol se alteia
A rosa ideal da *eterna-primavera*!

O Paraíso e o templo da Verdade,
Ó mundos, astros, sóis, constelações!
Nenhum de vós o tem na imensidade...

A Idéia, o sumo Bem, o Verbo, a Essência,
Só se revela aos homens e às nações
No céu incorruptível da Consciência!

MAIS LUZ!

(A Guilherme de Azevedo)
Lasst mehr Licht hereinkommen!
Últimas palavras de Goethe

Amem a noite os magros crapulosos,
E os que sonham com virgens impossíveis,
E os que se inclinam, mudos e impassíveis,
À borda dos abismos silenciosos...

Tu, lua, com teus raios vaporosos,
Cobre-os, tapa-os, e torna-os insensíveis,
Tanto aos vícios cruéis e inextinguíveis,
Como aos longos cuidados dolorosos!

Eu amarei a santa madrugada,
E o meio-dia, em vida refervendo,
E a tarde rumorosa e repousada.

Viva e trabalhe em plena luz: depois,
Seja-me dado ainda ver, morrendo,
O claro sol, amigo dos heróis!

TESE E ANTÍTESE

I

Já não sei o que vale a nova idéia,
Quando a vejo nas ruas desgrenhada,
Torva no aspecto, à luz da barricada,
Como bacante após lúbrica ceia!

Sanguinolento o olhar se lhe incendeia...
Aspira fumo e fogo embriagada...
A deusa de alma vasta e sossegada
Ei-la presa das fúrias de Medéia!

Um século irritado e truculento
Chama à epilepsia pensamento,
Verbo ao estampido de pelouro e obus...

Mas a idéia é num mundo inalterável,
Num cristalino céu, que vive estável...
Tu, pensamento, não és fogo, és luz!

II

Num céu intemerato e cristalino
Pode habitar talvez um Deus distante,
Vendo passar em sonho cambiante
O Ser, como espetáculo divino:

Mas o homem, na terra onde o destino
O lançou, vive e agita-se incessante...
Enche o ar da terra o seu pulmão possante...
Cá da terra blasfema ou ergue um hino...

A idéia encarna em peitos que palpitam:
O seu pulsar são chamas que crepitam,
Paixões ardentes como vivos sóis!

Combatei pois na terra árida e bruta,
Té que a revolva o remoinhar da luta,
Té que a fecunde o sangue dos heróis!

JUSTITIA MATER

Nas florestas solenes há o culto
Da eterna, íntima força primitiva:
Na serra, o grito audaz da alma cativa,
Do coração em seu combate inulto:

No espaço constelado passa o vulto
Do inominado alguém, que os sóis aviva:
No mar ouve-se a voz grave e aflitiva
Dum deus que luta, poderoso e inculto.

Mas nas negras cidades, onde solta
Se ergue de sangue mádida a revolta,
Como incêndio que um vento bravo atiça,

Há mais alta missão, mais alta glória:
O combater, à grande luz da história,
Os combates eternos da Justiça!

A UM CRUCIFIXO

I

Há mil anos, bom Cristo, ergueste os magros braços
E clamaste da cruz: há Deus! e olhaste, ó crente,
O horizonte futuro e viste, em tua mente,
Um alvor ideal banhar esses espaços!

Porque morreu sem eco e eco de teus passos,
E de tua palavra (ó Verbo!) o som fremente?
Morreste... ah! dorme em paz! não volvas, que descrente
Arrojaras de novo à campa os membros lassos...

Agora, como então, na mesma terra erma,
A mesma humanidade é sempre a mesma enferma,
Sob o mesmo ermo céu, frio como um sudário...

E agora, como então, viras o mundo exangue,
E ouviras perguntar — de que serviu o sangue
Com que regaste, ó Cristo, as urzes do Calvário? —

II

DOZE ANOS DEPOIS

Não se perdeu teu sangue generoso,
Nem padeceste em vão, quem quer que foste,
Plebeu antigo, que amarrado ao poste
Morreste como vil e faccioso.

Desse sangue maldito e ignominioso,
Surgiu armada uma invencível hoste...
Paz aos homens e guerra aos deuses! — pôs-te
Em vão sobre um altar o vulgo ocioso...

Do pobre que protesta foste a imagem:
Um povo em ti começa, um homem novo:
De ti data essa trágica linhagem.

Por isso nós, a Plebe, ao pensar nisto,
Lembraremos, herdeiros desse povo,
Que entre nossos avós se conta Cristo.

POBRES

(A João de Deus)

I

Eu quisera saber, ricos, se quando
Sobre esses montes de ouro estais subidos,
Vedes mais perto do céu, ou mais um astro
Vos aparece, ou a fronte se vos banha
Com a luz do luar em mor dilúvio?
Se vos percebe o ouvido as harmonias
Vagas do espaço, à noite, mais distintas?
Se, quando andais subidos nas grandezas
Sentis as brancas asas de algum anjo
Dar-vos sombra, ou vos roça pelos lábios
De outro mundo ideal místico beijo?
Se através do *prisma de brilhantes*,
Vedes maior o Empíreo, e as grandes palmas
Sobre as mãos que as sustêm mais luminosas,
E as legiões fantásticas mais belas?
E, se quando passais por entre as glórias,
O carro de triunfo de ouro e sândalo,
Na carreira que o leva não sei onde
Sobre as urzes da terra, borrifadas
Com o *orvalho de sangue*, ó homens fortes!
Corre mais do que o vôo dos espíritos?

Ah! vós vedes o mundo todo boço...
Pálido, estreito e triste... o vosso *prisma*
Não é vivo cristal, que o brilho aumenta,
É o metal mais denso! e tão escuro,
Que ainda a luz que vê um pobre cego
Luzir-lhe em sua noite, e a fantasia
Em mundos ideais lhe anda acendendo...
Esse sol de quem já não espera dia...

Ah! vós nem tendes essa luz de cegos!
Quê! subir tanto... e estar cheio de frio!
Erguer-se... e cada vez trevas maiores!
Homens! que *monte* é esse que não deixa
Ver a aurora nos céus? qual é a altura
Que vela o sol em vez de ir-lhe ao encontro?
Que asas são essas, com que andais voando,
Que só às nuvens negras vos levantam?
Certo que deve ser o vosso *monte*
Algum *poço* bem fundo... ou vossos olhos
Têm então bem estranha catarata!

ACUSAÇÃO

(Aos homens de sangue de Versalhes em 1871)

Ergue-te enfim, Justiça vingadora!
Corusque em breve a tua espada ardente!
Eu vejo a Tirania onipotente,
Enquanto ao longe a Piedade chora...

Nasce rubra de sangue cada aurora,
E o sangue ensopa a terra ainda quente...
É congresso de sangue o que esta gente
Abriu entre as nações, que o sangue irrora!

Ante o altar encoberto do Futuro
E ante ti, Vingadora, acuso e cito
Estes homens de insídia e ódio escuro!

Endureça minh'alma, e creia e espere,
Com um desejo estóico e infinito,
Só na Justiça que condena e fere!

Junho de 1871

SONETOS COMPLETOS

LOGOS

Ao Sr. D. Nicolas Salmeron

Tu, que eu não vejo, e estás ao pé de mim
E, o que é mais, dentro em mim — que me rodeias
Com um nimbo de afetos e de idéias,
Que são o meu princípio, meio e fim...

Que estranho ser és tu (se és ser) que assim
Me arrebatas contigo e me passeias
Em regiões inominadas, cheias
De encanto e de pavor... de não e sim...

És um reflexo apenas da minha alma,
E em vez de te encarar com fronte calma
Sobressalto-me ao ver-te, e tremo e exoro-te...

Falo-te, calas... calo, e vens atento...
És um pai, um irmão, e é um tormento
Ter-te a meu lado... és um tirano, e adoro-te!

SOLEMNIA VERBA

Disse ao meu coração: Olha por quantos
Caminhos vãos andámos! Considera
Agora, desta altura fria e austera,
Os ermos que regaram nossos prantos...

Pó e cinzas, onde houve flor e encantos!
E noite, onde foi luz de primavera!
Olha a teus pés o mundo e desespera,
Semeador de sombras e quebrantos!

Porém o coração, feito valente
Na escola da tortura repetida,
E no uso do penar tornado crente,

Respondeu: Desta altura veio o Amor!
Viver não foi em vão, se é isto a vida,
Nem foi de mais o desengano e a dor.

IGNOTO DEO

Que beleza mortal se te assemelha,
Ó sonhada visão desta alma ardente,
Que refletes em mim teu brilho ingente,
Lá como sobre o mar o sol se espelha?

O mundo é grande — e esta ânsia me aconselha
A buscar-te na terra: e eu, pobre crente,
Pelo mundo procuro um Deus clemente,
Mas a ara só lhe encontro... nua e velha...

Não é mortal o que eu em ti adoro.
Que és tu aqui? olhar de piedade,
Gota de mel em taça de venenos...

Pura essência das lágrimas que choro
E sonho dos meus sonhos! se és verdade,
Descobre-te, visão, no céu ao menos!

TORMENTO DO IDEAL

Conheci a Beleza que não morre
E fiquei triste. Como quem da serra
Mais alta que haja, olhando aos pés a terra
E o mar, vê tudo, a maior nau ou torre,

Minguar, fundir-se, sob a luz que jorre;
Assim eu vi o mundo e o que ele encerra
Perder a cor, bem como a nuvem que era
Ao pôr-do-sol e sobre o mar discorre.

Pedindo à forma, em vão, a idéia pura,
Tropeço, em sombras, na matéria dura,
E encontro a imperfeição de quanto existe.

Recebi o batismo dos poetas,
E assentado entre as formas incompletas
Para sempre fiquei pálido e triste.

ASPIRAÇÃO

Meus dias vão correndo vagarosos
Sem prazer e sem dor, e até parece
Que o foco interior já desfalece
E vacila com raios duvidosos.

É bela a vida e os anos são formosos,
E nunca ao peito amante o amor falece...
Mas, se a beleza aqui nos aparece,
Logo outra lembra de mais puros gozos.

Minh'alma, ó Deus! a outros céus aspira:
Se um momento a prendeu mortal beleza,
É pela eterna pátria que suspira...

Porém do pressentir dá-me a certeza,
Dá-ma! e sereno, embora a dor me fira,
Eu sempre bendirei esta tristeza!

SONHO ORIENTAL

Sonho-me às vezes rei, nalguma ilha,
Muito longe, nos mares do Oriente,
Onde a noite é balsâmica e fulgente
E a lua cheia sobre as águas brilha...

O aroma da magnólia e da baunilha
Paira no ar diáfano e dormente...
Lambe a orla dos bosques, vagamente,
O mar com finas ondas de escumilha...

E enquanto eu na varanda de marfim
Me encosto, absorto num cismar sem fim,
Tu, meu amor, divagas ao luar,

Do profundo jardim pelas clareiras,
Ou descansas debaixo das palmeiras,
Tendo aos pés um leão familiar.

IDEAL

Aquela, que eu adoro, não é feita
De lírios nem de rosas purpurinas,
Não tem as formas lânguidas, divinas
Da antiga Vênus de cintura estreita...

Não é a Circe, cuja mão suspeita
Compõe filtros mortais entre ruínas,
Nem a Amazona, que se agarra às crinas
Dum corcel e combate satisfeita...

A mim mesmo pergunto, e não atino
Com o nome que dê a essa visão,
Que ora amostra ora esconde o meu destino...

É como uma miragem que entrevejo,
Ideal, que nasceu na solidão,
Nuvem, sonho impalpável do Desejo...

A UM POETA

Surge et ambula!

Tu, que dormes, espírito sereno,
Posto à sombra dos cedros seculares,
Como um levita à sombra dos altares,
Longe da luta e do fragor terreno,

Acorda! é tempo! O sol, já alto e pleno,
Afugentou as larvas tumulares...
Para surgir do seio desses mares,
Um mundo novo espera só um aceno...

Escuta! é a grande voz das multidões
São teus irmãos que se erguem! são canções...
Mas de guerra... e são vozes de rebate!

Ergue-te pois, soldado do Futuro,
E dos raios de luz do sonho puro,
Sonhador, faze espada de combate!

HINO À RAZÃO

Razão, irmã do Amor e da Justiça,
Mais uma vez escuta a minha prece.
É a voz dum coração que te apetece,
Duma alma livre, só a ti submissa.

Por ti é que a poeira movediça
De astros e sóis e mundos permanece;
E é por ti que a virtude prevalece,
E a flor do heroísmo medra e viça.

Por ti, na arena trágica, as nações
Buscam a liberdade, entre clarões;
E os que olham o futuro e cismam, mudos,

Por ti, podem sofrer e não se abatem,
Mãe de filhos robustos, que combatem
Tendo o teu nome escrito em seus escudos!

O INCONSCIENTE

O espectro familiar que anda comigo,
Sem que pudesse ainda ver-lhe o rosto,
Que umas vezes encaro com desgosto
E outras muitas ansioso espreito e sigo,

É um espectro mudo, grave, antigo,
Que parece a conversas mal disposto...
Ante esse vulto, ascético e composto
Mil vezes abro a boca... e nada digo.

Só uma vez ousei interrogá-lo:
"Quem és (lhe perguntei com grande abalo)
Fantasma a quem odeio e a quem amo?"

— "Teus irmãos (respondeu) os vãos humanos,
Chamam-me Deus, há mais de dez mil anos...
Mas eu por mim não sei como me chamo..."

DIVINA COMÉDIA

Ao dr. José Falcão

Erguendo os braços para o céu distante
E apostrofando os deuses invisíveis,
Os homens clamam: — "Deuses impassíveis,
A quem serve o destino triunfante,

Porque é que nos criastes?! Incessante
Corre o tempo e só gera, inextinguíveis,
Dor, pecado, ilusão, lutas horríveis,
Num turbilhão cruel e delirante...

Pois não era melhor na paz clemente
Do nada e do que ainda não existe,
Ter ficado a dormir eternamente?

Por que é que para a dor nos evocastes?"
Mas os deuses, com voz inda mais triste,
Dizem: — "Homens! por que é que nos criastes?"

À VIRGEM SANTÍSSIMA

Cheia de Graça,
Mãe de Misericórdia

Num sonho todo feito de incerteza,
De nocturna e indizível ansiedade,
É que eu vi teu olhar de piedade
E (mais que piedade) de tristeza...

Não era o vulgar brilho da beleza,
Nem o ardor banal da mocidade,
Era outra luz, era outra suavidade
Que até nem sei se as há na natureza...

Um místico sofrer... uma ventura
Feita só do perdão, só da ternura
E da paz da nossa hora derradeira...

Ó visão, visão triste e piedosa!
Fita-me assim calada, assim chorosa...
E deixa-me sonhar a vida inteira!

EM VIAGEM

Pelo caminho estreito, aonde a custo
Se encontra uma só flor, ou ave, ou fonte,
Mas só bruta aridez de áspero monte
E os sóis e a febre do areal adusto,

Pelo caminho estreito entrei sem susto
E sem susto encarei, vendo-os defronte,
Fantasmas que surgiam do horizonte
A acometer meu coração robusto...

Quem sois vós, peregrinos singulares?
Dor, Tédio, Desenganos e Pesares...
Atrás deles a Morte espreita ainda...

Conheço-vos. Meus guias derradeiros
Sereis vós. Silenciosos companheiros,
Bem-vindos, pois, e tu, Morte, bem-vinda!

NIRVANA

A Guerra Junqueiro

Para além do Universo luminoso,
Cheio de formas, de rumor, de lida,
De forças, de desejos e de vida,
Abre-se como um vácuo tenebroso.

A onda desse mar tumultuoso
Vem ali expirar, esmaecida...
Numa imobilidade indefinida
Termina ali o ser, inerte, ocioso...

E quando o pensamento, assim absorto,
Emerge a custo desse mundo morto
E torna a olhar as cousas naturais,

À bela luz da vida, ampla, infinita,
Só vê com tédio, em tudo quanto fita,
A ilusão e o vazio universais.

VISÃO

A J. M. Eça de Queiroz

Eu vi o Amor — mas nos seus olhos baços
Nada sorria já: só fixo e lento
Morava agora ali um pensamento
De dor sem trégua e de íntimos cansaços.

Pairava, como espectro, nos espaços,
Todo envolto num nimbo pardacento...
Na atitude convulsa do tormento,
Torcia e retorcia os magros braços...

E arrancava das asas destroçadas
A uma e uma as penas maculadas,
Soltando a espaços um soluço fundo,

Soluço de ódio e raiva impenitentes...
E do fantasma as lágrimas ardentes
Caíam lentamente sobre o mundo!

TRANSCENDENTALISMO

A J. P. Oliveira Martins

Já sossega, depois de tanta luta,
Já me descansa em paz o coração.
Caí na conta, enfim, de quanto é vão
O bem que ao Mundo e à Sorte se disputa.

Penetrando, com fronte não enxuta,
No sacrário do templo da Ilusão,
Só encontrei, com dor e confusão,
Trevas e pó, uma matéria bruta...

Não é no vasto mundo — por imenso
Que ele pareça à nossa mocidade —
Que a alma sacia o seu desejo intenso...

Na esfera do invisível, do intangível,
Sobre desertos, vácuo, soledade,
Voa e paira o espírito impassível!

EVOLUÇÃO

A Santos Valente

Fui rocha, em tempo, e fui, no mundo antigo,
Tronco ou ramo na incógnita floresta...
Onda, espumei, quebrando-me na aresta
Do granito, antiquíssimo inimigo...

Rugi, fera talvez, buscando abrigo
Na caverna que ensombra urze e giesta;
Ou, monstro primitivo, ergui a testa
No limoso paul, glauco pascigo...

Hoje sou homem — e na sombra enorme
Vejo, a meus pés, a escada multiforme,
Que desce, em espirais, na imensidade...

Interrogo o infinito e às vezes choro...
Mas, estendendo as mãos no vácuo, adoro
E aspiro unicamente à liberdade.

ELOGIO DA MORTE

Morrer é ser iniciado.
ANTOLOGIA GREGA

I

Altas horas da noite, o Inconsciente
Sacode-me com força, e acordo em susto.
Como se o esmagassem de repente,
Assim me pára o coração robusto.

Não que de larvas me povoe a mente
Esse vácuo noturno, mudo e augusto,
Ou forceje a razão porque afugente
Algum remorso, com que encara a custo...

Nem fantasmas noturnos visionários,
Nem desfilar de espectros mortuários,
Nem dentro em mim terror de Deus ou Sorte...

Nada! o fundo dum poço, úmido e morno,
Um muro de silêncio e treva em torno,
E ao longe os passos sepulcrais da Morte.

CONTEMPLAÇÃO

A Francisco Machado de Faria e Maia

Sonho de olhos abertos, caminhando
Não entre as formas já e as aparências,
Mas vendo a face imóvel das essências,
Entre idéias e espíritos pairando...

Que é o mundo ante mim? fumo ondeando,
Visões sem ser, fragmentos de existências...
Uma névoa de enganos e impotências
Sobre vácuo insondável rastejando...

E d'entre a névoa e a sombra universais
Só me chega um murmúrio, feito de ais...
É a queixa, o profundíssimo gemido

Das cousas, que procuram cegamente
Na sua noite e dolorosamente
Outra luz, outro fim só pressentido...

REDENÇÃO

À Exma. Sra. D. Celeste C. B. R.

I

Vozes do mar, das árvores, do vento!
Quando às vezes, num sonho doloroso,
Me embala o vosso canto poderoso,
Eu julgo igual ao meu vosso tormento...

Verbo crepuscular e íntimo alento
Das cousas mudas; salmo misterioso;
Não serás tu, queixume vaporoso,
O suspiro do mundo e o seu lamento?

Um espírito habita a imensidade:
Uma ânsia cruel de liberdade
Agita e abala as formas fugitivas.

E eu compreendo a vossa língua estranha,
Vozes do mar, da selva, da montanha...
Almas irmãs da minha, almas cativas!

II

Não choreis, ventos, árvores e mares,
Coro antigo de vozes rumorosas,
Das vozes primitivas, dolorosas
Como um prato de larvas tumulares...

Da sombra das visões crepusculares
Rompendo, um dia, surgireis radiosas
Desse sonho e essas ânsias afrontosas,
Que exprimem vossas queixas singulares...

Almas no limbo ainda da existência,
Acordareis um dia na Consciência,
E pairando, já puro pensamento,

Vereis as Formas, filhas da Ilusão,
Cair desfeitas, como um sonho vão...
E acabará por fim vosso tormento.

VOZ INTERIOR

A João de Deus

Embebido num sonho doloroso,
Que atravessam fantásticos clarões,
Tropeçando num povo de visões,
Se agita meu pensar tumultuoso...

Com um bramir de mar tempestuoso
Que até aos céus arroja os seus cachões,
Através duma luz de exalações,
Rodeia-me o Universo monstruoso...

Um ai sem termo, um trágico gemido
Ecoa sem cessar ao meu ouvido,
Com horrível, monótono vaivém...

Só no meu coração, que sondo e meço,
Não sei que voz, que eu mesmo desconheço,
Em segredo protesta e afirma o Bem!

NA MÃO DE DEUS

À Exma. Sra. D. Vitória de O. M.

Na mão de Deus, na sua mão direita,
Descansou afinal meu coração.
Do palácio encantado da Ilusão
Desci a passo e passo a escada estreita.

Como as flores mortais, com que se enfeita
A ignorância infantil, despojo vão,
Depus do Ideal e da Paixão
A forma transitória e imperfeita.

Como criança, em lôbrega jornada,
Que a mãe leva no colo agasalhada
E atravessa, sorrindo vagamente,

Selvas, mares, areias do deserto...
Dorme o teu sono, coração liberto,
Dorme na mão de Deus eternamente!

APÊNDICE AOS SONETOS COMPLETOS

OS CATIVOS

Encostados às grades da prisão,
Olham o céu os pálidos cativos.
Já com raios oblíquos, fugitivos,
Despede o sol um último clarão.

Entre sombras, ao longe, vagamente,
Morrem as vozes na extensão saudosa.
Cai do espaço, pesada, silenciosa,
A tristeza das cousas, lentamente.

E os cativos suspiram. Bandos de aves
Passam velozes, passam apressados,
Como absortos em íntimos cuidados,
Como absortos em pensamentos graves.

E dizem os cativos: Na amplidão
Jamais se extingue a eterna claridade...
A ave tem o vôo e a liberdade...
O homem tem os muros da prisão!

Aonde ides? Qual é a vossa jornada?
À luz? À aurora? À imensidade? Aonde?
— Porém o bando passa e mal responde:
À noite, à escuridão, ao abismo, ao nada! —

E os cativos suspiram. Surge o vento,
Surge e perpassa esquivo e inquieto,
Como quem traz algum pesar secreto,
Como quem sofre e cala algum tormento...

E dizem os cativos: Que tristezas,
Que segredos antigos, que desditas,
Caminheiro de estradas infinitas,
Te levam a gemer pelas devesas?

Tu que procuras? Que visão sagrada
Te acena da soidão onde se esconde?
— Porém o vento passa e só responde:
A noite, a escuridão, o abismo, o nada! —

E os cativos suspiram novamente.
Como antigos pesares mal extintos,
Como vagos desejos indistintos,
Surgem do escuro os astros, lentamente...

E fitam-se, em silêncio indecifrável,
Contemplam-se de longe, misteriosos,
Como quem tem segredos dolorosos,
Como quem ama e vive inconsolável...

E dizem os cativos: Que problemas
Eternos, primitivos vos atraem?
Que luz fitais no centro donde saem
A flux, em jorro, as intuições supremas?

Por que esperais? Nessa amplidão sagrada
Que soluções esplêndidas se escondem?
— Porém os astros tristes só respondem:
A noite, a escuridão, o abismo, o nada! —

Assim a noite passa. Rumorosos
Sussurram os pinhais meditativos.
Encostados às grades, os cativos
Olham o céu e choram silenciosos.

OS VENCIDOS

Três cavaleiros seguem lentamente
Por uma estrada erma e pedregosa.
Geme o vento na selva rumorosa,
Cai a noite do céu, pesadamente.

Vacilam-lhes nas mãos as armas rotas,
Têm os corcéis poentos e abatidos,
Em desalinho trazem os vestidos,
Das feridas lhe cai o sangue, em gotas.

A derrota, traiçoeira e pavorosa,
As frontes lhes curvou, com mão potente.
No horizonte escuro do poente
Destaca-se uma mancha sanguinosa.

E o primeiro dos três, erguendo os braços,
Diz num soluço: "Amei e fui amado!
Levou-me uma visão, arrebatado,
Como em carro de luz, pelos espaços!

Com largo vôo, penetrei na esfera
Onde vivem as almas que se adoram,
Livre, contente e bom, como os que moram
Entre os astros na eterna primavera.

Porque irrompe no azul do puro amor
O sopro do desejo pestilente?
Ai do que um dia recebeu de frente
O seu hábito rude e queimador!

A flor rubra e olorosa da paixão
Abre lânguida ao raio matutino,
Mas seu profundo cálix purpurino
Só ressuma veneno e podridão.

Irmãos — amei e fui amado...
Por isso vago incerto e fugitivo,
E corre lentamente um sangue esquivo
Em gotas, de meu peito alanceado."

Responde-lhe o segundo cavaleiro,
Com sorriso de trágica amargura:
"Amei os homens e sonhei ventura,
Pela justiça heróica, ao mundo inteiro.

Pelo direito, ergui a voz ardente
No meio das revoltas homicidas:
Caminhando entre raças oprimidas,
Fi-las surgir, como um clarim fremente.

Quando há-de vir o dia da justiça?
Quando há-de vir o dia do resgate?
Traiu-me o gládio em meio do combate
E semeei na areia movediça!

As nações, com sorriso bestial,
Abrem, sem ler, o livro do futuro.
O povo dorme em paz no seu monturo,
Como em leito de púrpura real.

Irmãos, amei os homens e contente
Por eles combati, com mente justa...
Por isso morro à míngua e a areia adusta
Bebe agora meu sangue, ingloriamente."

Diz então o terceiro cavaleiro:
"Amei a Deus e em Deus pus alma e tudo.
Fiz do seu nome fortaleza e escudo
No combate do mundo traiçoeiro

Invoquei-o nas horas afrontosas
Em que o mal e o pecado dão assalto,
Procurei-o, com ânsia e sobressalto,
Sondando mil ciências duvidosas.

Que vento de ruína bate os muros
Do templo eterno, o tempo sacrossanto?
Rolam, desabam, com fragor e espanto,
Os astros pelo céu, frios e escuros!

Vacila o sol e os santos desesperam...
Tédio ressuma a luz dos dias vãos...
Ai dos que juntam com fervor as mãos!
Ai dos que crêem! ai dos que inda esperam!

Irmãos, amei a Deus, com fé profunda...
Por isso vago sem conforto e incerto,
Arrastando entre as urzes do deserto
Um corpo exangue e uma alma moribunda."

E os três, unindo a voz num ai supremo,
E deixando pender as mãos cansadas
Sobre as armas inúteis e quebradas,
Num gesto inerte de abandono extremo,

Sumiram-se na sombra duvidosa
Da montanha calada e formidável,
Sumiram-se na selva impenetrável
E no palor da noite silenciosa.

ENTRE SOMBRAS

Vem às vezes sentar-se ao pé de mim
— A noite desce, desfolhando as rosas —
Vem ter comigo, às horas duvidosas,
Uma visão, com asas de cetim...

Pousa de leve a delicada mão
— Rescende aroma a noite sossegada —
Pousa a mão compassiva e perfumada
Sobre o meu dolorido coração...

E diz-me essa visão compadecida
— Há suspiros no espaço vaporoso —
Diz-me: Porque é que choras silencioso?
Porque é tão erma e triste a tua vida?

Vem comigo! Embalado nos meus braços
— Na noite funda há um silêncio santo —
Num sonho feito só de luz e encanto
Transporás a dormir esses espaços...

Porque eu habito a região distante
— A noite exala uma doçura infinda —
Onde ainda se crê e se ama ainda,
Onde uma aurora igual brilha constante...

Habito ali, e tu virás comigo
— Palpita a noite num clarão que ofusca —
Porque eu venho de longe, em tua busca,
Trazer-te paz e alívio, pobre amigo...

Assim me fala essa visão noturna
— No vago espaço há vozes dolorosas —
São as suas palavras carinhosas
Água correndo em cristalina urna...

Mas eu escuto-a imóvel, sonolento
— A noite verte um desconsolo imenso —
Sinto nos membros como um chumbo denso,
E mudo e tenebroso o pensamento...

Fito-a, num pasmo doloroso absorto
— A noite é erma como campa enorme —
Fito-a com olhos turvos de quem dorme
E respondo: Bem sabes que estou morto!

HINO DA MANHÃ

Tu, casta e alegre luz da madrugada,
Sobe, cresce no céu, pura e vibrante,
E enche de força o coração triunfante
Dos que ainda esperam, luz imaculada!

Mas a mim pões-me tu tristeza imensa
No desolado coração. Mais quero
A noite negra, irmã do desespero,
A noite solitária, imóvel, densa,

O vácuo mudo, onde astro não palpita,
Nem ave canta, nem sussurra o vento,
E adormece o próprio pensamento,
Do que a luz matinal... a luz bendita!

Porque a noite é a imagem do Não-Ser,
Imagem do repouso inalterável
E do esquecimento inviolável,
Que anseia o mundo, farto de sofrer...

Porque nas trevas sonda, fixo e absorto,
O nada universal o pensamento,
E despreza o viver e o seu tormento,
E olvida, como quem está já morto...

E, interrogando intrépido o Destino,
Como réu o renega e o condena;
E virando-se, fita em paz serena
O vácuo augusto, plácido e divino...

Porque a noite é a imagem da Verdade,
Que está além das cousas transitórias,
Das paixões e das formas ilusórias,
Onde somente há dor e falsidade...

Mas tu, radiante luz, luz gloriosa,
De que és símbolo tu? Do eterno engano,
Que envolve o mundo e o coração humano
Em rede de mil malhas, misteriosa!

Símbolo, sim, da universal traição,
Duma promessa sempre renovada
E sempre e eternamente perjurada,
Tu, mãe da Vida e mãe da Ilusão...

Outros estendem para ti as mãos,
Suplicantes, com fé, com esperança...
Ponham outros seu bem, sua confiança
Nas promessas e a luz dos dias vãos...

Eu não! Ao ver-te, penso: Que agonia
E que tortura ainda não provada
Hoje me ensinará esta alvorada?
E digo: Porque nasce mais um dia?

Antes tu nunca fosses, luz formosa!
Antes nunca existisses! e o Universo
Ficasse inerte e eternamente imerso
Do possível na névoa duvidosa!

O que trazes ao mundo em cada aurora?
O sentimento só, só a consciência
Duma eterna, incurável impotência,
Do insaciável desejo, que o devora!

De que são feitos os mais belos dias?
De combates, de queixas, de terrores!
De que são feitos? de ilusões, de dores,
De misérias, de mágoas, de agonias!

O sol, inexorável semeador,
Sem jamais se cansar, percorre o espaço,
E em borbotões lhe jorram do regaço
As sementes inúmeras da Dor!

Oh! como cresce, sob a luz ardente,
A seara maldita! como freme
Sob os ventos da vida e como geme
Num sussurro monótono e plangente!

E cresce e alastra, em ondas voluptuosas,
Em ondas de cruel fecundidade,
Com a força e a subtil tenacidade
Invencível das plantas venenosas!

De podridões antigas se alimenta,
Da antiga podridão do chão fatal...
Uma fragrância mórbida, mortal
Lhe ressuma da seiva peçonhenta...

E é esse aroma lânguido e profundo,
Feito de seduções vagas, magnéticas,
De ardor carnal e de atrações poéticas,
É esse aroma que envenena o mundo!

Como um clarim soando pelos montes,
A aurora acorda, plácida e inflexível,
As misérias da terra: e a hoste horrível,
Enchendo de clamor os horizontes,

Torva, cega, colérica, faminta,
Surge mais uma vez e arma-se à pressa
Para o bruto combate, que não cessa,
Onde é vencida sempre e nunca extinta!

Quantos erguem nesta hora, com esforço,
Para a luz matinal as armas novas,
Pedindo a luta e as formidáveis provas,
Alegres e cruéis e sem remorso,

Que esta tarde há-de ver, no duro chão
Caídos e sangrentos, vomitando
Contra o céu, com o sangue miserando,
Uma extrema e impotente imprecação!

Quantos também, de pé, mas esquecidos,
Há-de a noite encontrar, sós e encostados
A algum marco, chorando aniquilados
As lágrimas caladas dos vencidos!

E por quê? para quê? Para que os chamas,
Serena luz, ó luz inexorável,
À vida incerta e à luta inexpiável,
Com as falsas visões, com que os inflamas?

Para serem o brinco dum só dia
Na mão indiferente do Destino...
Clarão de fogo fátuo repentino,
Cruzando entre o nascer e a agonia...

Para serem, no páramo enfadonho,
À luz de astros malignos e enganosos,
Como um bando de espectros lastimosos,
Como sombras correndo atrás dum sonho...

Oh! não! luz gloriosa e triunfante!
Sacode embora o encanto e as seduções,
Sobre mim, do teu manto de ilusões:
A meus olhos, és triste e vacilante...

A meus olhos, és baça e lutuosa
E amarga ao coração, ó luz do dia,
Como tocha esquecida que alumia
Vagamente uma cripta monstruosa...

Surges em vão, e em vão, por toda a parte,
Me envolves, me penetras, com amor...
Causas-me espanto a mim, causas-me horror,
E não te posso amar — não quero amar-te!

Símbolo da Mentira universal,
Da aparência das cousas fugitivas,
Que esconde, nas moventas perspectivas,
Sob o eterno sorriso o eterno Mal;

Símbolo das Ilusão, que do infinito
Fez surgir o Universo, já marcado
Para a dor, para o mal, para o pecado,
Símbolo da existência, sê maldito!

A FADA NEGRA

Uma velha de olhar agudo e frio,
De olhos sem cor, de lábios glaciais,
Tomou-me nos seus braços sepulcrais,
Tomou-me sobre o seio ermo e vazio,

E beijou-me em silêncio, longamente,
Longamente me uniu à face fria...
Oh! como a minha alma se estorcia
Sob os seus beijos, dolorosamente!

Onde os lábios pousou, a carne logo
Mirrou-se e encaneceu-se-me o cabelo.
Meus ossos confrangeram-se. O gelo
Do seu bafo secava mais que o fogo.

Com seu olhar sem cor, que me fitava,
A Fada negra me coalhou o sangue.
Dentro em meu coração inerte e exangue
Um silêncio de morte se engolfava.

E volvendo em redor olhos absortos,
O mundo pareceu-me uma visão,
Um grande mar de névoa, de ilusão,
E a luz do sol como um luar de mortos...

Como o espectro dum mundo já defunto,
Um farrapo de mundo, nevoento,
Ruína aérea que sacode o vento,
Sem cor, sem consciência, sem conjunto...

E quanto adora quem adora o mundo,
Brilho e ventura, esperar, sorrir,
Eu vi tudo oscilar, pender, cair,
Inerte e já da cor dum moribundo.

Dentro em meu coração, nesse momento,
Fez-se um buraco enorme — e nesse abismo
Senti ruir não sei que cataclismo,
Como um universal desabamento...

Razão! velha de olhar agudo e cru
E de hábito mortal mais do que a peste!
Pelo beijo de gelo que me deste,
Fada negra, bendita sejas tu!

Bendita sejas tu pela agonia
E o luto funeral daquela hora
Em que eu vi baquear quanto se adora,
Vi de que noite é feita a luz do dia!

Pelo pranto e as torturas benfazejas
Do desengano... pela paz austera
Dum morto coração, que nada espera,
Nem deseja também... bendita sejas!

ÍNDICE

RAIOS DE EXTINTA LUZ

A.M.E.	35
A Gennaro Perrelli	36
Momentos de tédio	37

PRIMAVERAS ROMÂNTICAS
(VERSOS DOS VINTE ANOS)

Beatrice	41
Amor vivo	42
Metempsicose	43
Velut umbra	44
Despondency	45
Versos	46

ODES MODERNAS

Panteísmo	49
A idéia V	53
A idéia VIII	53

113

Mais luz!	55
Tese e antítese	56
Justitia mater	58
A um crucifixo	59
Doze anos depois II	60
Pobres I	61
Acusação	63

SONETOS COMPLETOS

Logos	67
Solemnia verba	68
Ignoto Deo	69
Tormento do ideal	70
Aspiração	71
Sonho Oriental	72
Ideal	73
A um poeta	74
Hino à razão	75
O inconsciente	76
Divina comédia	77
À virgem santíssima	78
Em viagem	79
Nirvana	80
Visão	81
Transcendentalismo	82
Evolução	83

Elogio da morte I 84
Contemplação 85
Redenção 86
Voz interior 88
Na mão de Deus 89

APÊNDICE AOS SONETOS COMPLETOS

Os cativos 93
Os vencidos 96
Entre sombras 101
Hino da manhã 103
A fada negra 110

COLEÇÃO MELHORES CONTOS

ANÍBAL MACHADO
Seleção e prefácio de Antonio Dimas

LYGIA FAGUNDES TELLES
Seleção e prefácio de Eduardo Portella

BRENO ACCIOLY
Seleção e prefácio de Ricardo Ramos

MARQUES REBELO
Seleção e prefácio de Ary Quintella

MOACYR SCLIAR
Seleção e prefácio de Regina Zilbermann

MACHADO DE ASSIS
Seleção e prefácio de Domício Proença Filho

HERBERTO SALES
Seleção e prefácio de Judith Grossmann

RUBEM BRAGA
Seleção e prefácio de Davi Arrigucci Jr.

LIMA BARRETO
Seleção e prefácio de Francisco de Assis Barbosa

JOÃO ANTÔNIO
Seleção e prefácio de Antônio Hohlfeldt

EÇA DE QUEIRÓS
Seleção e prefácio de Herberto Sales

MÁRIO DE ANDRADE
Seleção e prefácio de Telê Ancona Lopez

LUIZ VILELA
Seleção e prefácio de Wilson Martins

J. J. VEIGA
Seleção e prefácio de J. Aderaldo Castello

JOÃO DO RIO
Seleção e prefácio de Helena Parente Cunha

IGNÁCIO DE LOYOLA BRANDÃO
Seleção e prefácio de Deonísio da Silva

LÊDO IVO
Seleção e prefácio de Afrânio Coutinho

RICARDO RAMOS
Seleção e prefácio de Bella Jozef

MARCOS REY
Seleção e prefácio de Fábio Lucas

SIMÕES LOPES NETO
Seleção e prefácio de Dionísio Toledo

HERMILO BORBA FILHO
Seleção e prefácio de Silvio Roberto de Oliveira

BERNARDO ÉLIS
Seleção e prefácio de Gilberto Mendonça Teles

AUTRAN DOURADO
Seleção e prefácio de João Luiz Lafetá

JOEL SILVEIRA
Seleção e prefácio de Lêdo Ivo

JOÃO ALPHONSUS
Seleção e prefácio de Afonso Henriques Neto

ARTUR AZEVEDO
Seleção e prefácio de Antonio Martins de Araújo

RIBEIRO COUTO
Seleção e prefácio de Alberto Venancio Filho

OSMAN LINS
Seleção e prefácio de Sandra Nitrini

ORÍGENES LESSA
Seleção e prefácio de Glória Pondé

*CAIO FERNANDO DE ABREU**
Seleção e prefácio de Ítalo Moriconi

*DOMINGOS PELLEGRINI**
Seleção e prefácio de Miguel Sanches Neto

*PRELO**

COLEÇÃO MELHORES POEMAS

CASTRO ALVES
Seleção e prefácio de Lêdo Ivo

LÊDO IVO
Seleção e prefácio de Sergio Alves Peixoto

FERREIRA GULLAR
Seleção e prefácio de Alfredo Bosi

MARIO QUINTANA
Seleção e prefácio de Fausto Cunha

CARLOS PENA FILHO
Seleção e prefácio de Edilberto Coutinho

TOMÁS ANTÔNIO GONZAGA
Seleção e prefácio de Alexandre Eulalio

MANUEL BANDEIRA
Seleção e prefácio de Francisco de Assis Barbosa

CECÍLIA MEIRELES
Seleção e prefácio de Maria Fernanda

CARLOS NEJAR
Seleção e prefácio de Léo Gilson Ribeiro

LUÍS DE CAMÕES
Seleção e prefácio de Leodegário A. de Azevedo Filho

GREGÓRIO DE MATOS
Seleção e prefácio de Darcy Damasceno

Álvares de Azevedo
Seleção e prefácio de Antonio Candido

Mário Faustino
Seleção e prefácio de Benedito Nunes

Alphonsus de Guimaraens
Seleção e prefácio de Alphonsus de Guimaraens Filho

Olavo Bilac
Seleção e prefácio de Marisa Lajolo

João Cabral de Melo Neto
Seleção e prefácio de Antonio Carlos Secchin

Fernando Pessoa
Seleção e prefácio de Teresa Rita Lopes

Augusto dos Anjos
Seleção e prefácio de José Paulo Paes

Bocage
Seleção e prefácio de Cleonice Berardinelli

Mário de Andrade
Seleção e prefácio de Gilda de Mello e Souza

Paulo Mendes Campos
Seleção e prefácio de Guilhermino César

Luís Delfino
Seleção e prefácio de Lauro Junkes

Gonçalves Dias
Seleção e prefácio de José Carlos Garbuglio

Affonso Romano de Sant'Anna
Seleção e prefácio de Donaldo Schüler

Haroldo de Campos
Seleção e prefácio de Inês Oseki-Dépré

Gilberto Mendonça Teles
Seleção e prefácio de Luiz Busatto

Guilherme de Almeida
Seleção e prefácio de Carlos Vogt

Jorge de Lima
Seleção e prefácio de Gilberto Mendonça Teles

Casimiro de Abreu
Seleção e prefácio de Rubem Braga

Murilo Mendes
Seleção e prefácio de Luciana Stegagno Picchio

Paulo Leminski
Seleção e prefácio de Fred Góes e Álvaro Marins

Raimundo Correia
Seleção e prefácio de Telenia Hill

Cruz e Sousa
Seleção e prefácio de Flávio Aguiar

Dante Milano
Seleção e prefácio de Ivan Junqueira

José Paulo Paes
Seleção e prefácio de Davi Arrigucci Jr.

Cláudio Manuel da Costa
Seleção e prefácio de Francisco Iglésias

Machado de Assis
Seleção e prefácio de Alexei Bueno

HENRIQUETA LISBOA
Seleção e prefácio de Fábio Lucas

AUGUSTO MEYER
Seleção e prefácio de Tania Franco Carvalhal

RIBEIRO COUTO
Seleção e prefácio de José Almino

RAUL DE LEONI
Seleção e prefácio de Pedro Lyra

ALVARENGA PEIXOTO
Seleção e prefácio de Antonio Arnoni Prado

CASSIANO RICARDO
Seleção e prefácio de Luiza Franco Moreira

BUENO DE RIVERA
Seleção e prefácio de Affonso Romano de Sant'Anna

PAULO LEMINSKI
Seleção e prefácio de Fred Góes e Álvaro Marins

IVAN JUNQUEIRA
Seleção e prefácio de Ricardo Thomé

ANTERO DE QUENTAL
Seleção e prefácio de Benjamin Abdalla Junior

*CORA CORALINA**
Seleção e prefácio de Darcy França Denófrio

*FLORBELA ESPANCA**
Seleção e prefácio de Zina Bellodi

*PRELO**

COLEÇÃO MELHORES CRÔNICAS

MACHADO DE ASSIS
Seleção e prefácio de Salete de Almeida Cara

JOSÉ DE ALENCAR
Seleção e prefácio de João Roberto Faria

MANUEL BANDEIRA
Seleção e prefácio de Eduardo Coelho

AFFONSO ROMANO DE SANT'ANNA
Seleção e prefácio de Letícia Malard

JOSÉ CASTELLO
Seleção e prefácio de Leyla Perrone-Moisés

CECÍLIA MEIRELES
Seleção e prefácio de Leodegário Azevedo Filho

MARQUES REBELO
Seleção e prefácio de Renato Cordeiro Gomes

*LIMA BARRETO**
Seleção e prefácio de Beatriz Resende

*JOÃO DO RIO**
Seleção e prefácio de Ítalo Moriconi

*RAUL POMPÉIA**
Seleção e prefácio de Cícero Sandroni

*LÊDO IVO**
Seleção e prefácio de Gilberto Mendonça Teles

*PRELO**

Impressão e Acabamento
Com fotolitos fornecidos pelo Editor

EDITORA e GRÁFICA
VIDA & CONSCIÊNCIA

R. Agostinho Gomes, 2312 • Ipiranga • SP
Fonefax: (11) 6161-2739 / 6161-2670
e-mail:grafica@vidaeconsciencia.com.br
site: www.vidaeconsciencia.com.br